# HOE INVESTEREN IN ONROEREND GOED? EEN ABSOLUTE GIDS VOOR HET BEHEER VAN UW REIT-VERMOGEN

# Vrolijk

## VOOR

## Definitie van investeringen in onroerend goed

Door onroerend goed als investeringsvehikel te gebruiken, profiteert beleggen in onroerend goed op veel manieren. Eenvoudige methoden om dit te bereiken zijn onder meer het bezitten van onroerend goed, het genereren van cashflow uit huurinkomsten en het verkopen van het bedrijf voor extra geld vanwege waardestijging.

Als het goed wordt gedaan, heeft beleggen in onroerend goed het potentieel om beter te presteren dan de aandelenmarkt en welvaart te creëren die generaties lang meegaat. Er zijn vier belangrijke manieren om geld te verdienen met onroerend goed. Dit omvat dividenden van aandelenbelangen in Real Estate Investment Trusts (REIT's), huurinkomsten, meerwaarden, incrementele meerwaarden, enz.

• Vastgoedbeleggers gebruiken verschillende strategieën om geld te verdienen met vastgoedinvesteringen.

• Voorbeelden van investeringen in onroerend goed zijn onder meer de verkoop van huizen, verhuur, REIT-aandelenbezit, secundair inkomen, internetvastgoedplatforms, enz.

• Onroerend goed kan generaties lang rijkdom creëren, hoewel het moeilijk is om het werkelijke historische gemiddelde rendement voor vastgoedbeleggers in te schatten.

- Investeren in onroerend goed biedt vele voordelen, waaronder passieve huurinkomsten, vastgoedwaardering, investeringshefboomwerking en gunstige fiscale behandeling.

**Waarom investeren in vastgoed?**

De redenen om te investeren in vastgoed

Investeren in onroerend goed kan potentieel veel geld op uw bankrekening zetten, maar brengt ook potentiële risico's met zich mee en vereist zorgvuldige afweging. Dit zijn enkele van de belangrijkste redenen om te investeren in vastgoed. (Houd er rekening mee dat waardering noch cashflow zeker is. Om uw winkansen te vergroten, moet u huizen en gemeenschappen onderzoeken.)

## gemeenschappelijk geld

Het bezit van een huis kan uw maandinkomen verhogen. Als u een woning of bedrijfspand koopt, kunt u uw ruimte verhuren aan huurders. U ontvangt uw maandelijkse huurbetalingen per post. Maar wees gewaarschuwd: u moet uw loonstrookjes controleren als u het risico wilt verkleinen dat uw huurders huur betalen.

## groot rendement

Als uw eigendom in de loop van de tijd in waarde stijgt, kunt u het met een aanzienlijke winst verkopen. Houd er echter rekening mee dat acceptatie geen vanzelfsprekendheid is. Om zulke hoge rendementen te behalen, moet u in het juiste soort onroerend goed investeren.

### . stabiliteit op de lange termijn

Aangezien onroerend goed een langetermijninvestering is, kunt u het meerdere jaren houden totdat de waarde stijgt. Als u uw woning verhuurt, kunt u maandelijks inkomen verdienen terwijl u wacht tot de waarde stijgt.

### diversificatie

De financiële diversificatie wordt versterkt door de opname van onroerend goed, wat helpt om het te beschermen tegen marktschommelingen. Stel dat sommige aandelen getroffen worden door een economische neergang. De waarde van uw vastgoedbeleggingsportefeuille kan stijgen, waardoor u beschermd bent tegen verliezen op uw andere activa.

**financieel beroep**

Als u in onroerend goed investeert, heeft u waarschijnlijk niet het geld om een huis te kopen. Rekening houdend met het feit dat u een eengezinswoning wilt huren, kan de prijs oplopen tot $ 200.000. Hefboomwerking speelt hier een rol. Hefboomwerking van onroerend goed is de aankoop van onroerend goed met behulp van het geld van iemand anders. In dit scenario leent u geld van een bank, hypotheekmaatschappij of kredietvereniging en betaalt u het in de loop van de tijd terug. Op deze manier kunt u het aantal woningen vergroten zonder dat u de volledige prijs hoeft te betalen.

**deflatoire preventie**

Vastgoedbeleggingen worden beschouwd als een hedge tegen inflatie. Huurprijzen en vastgoedprijzen stijgen over het algemeen naarmate de uitgaven aan goederen en diensten toenemen. Als gevolg hiervan kunnen investeringen in onroerend goed u een stijgend maandelijks inkomen en meerwaarden opleveren die uw financiën helpen beschermen naarmate de kosten van al het andere stijgen.

## Vermogen om kapitaal aan te trekken

Het vergroten van uw cashflow, ook wel bouwkapitaal genoemd, is een van de hoofddoelen van beleggen in onroerend goed. Wanneer u een onroerend goed verkoopt dat in waarde is gestegen, stijgt uw nettowaarde. De kunst is duidelijk om de juiste investeringen te doen in panden die in waarde stijgen.

**controle en tevredenheid**

Het bezit van vastgoedbeleggingen heeft extra niet-financiële voordelen. Veel beleggers hebben er baat bij om eigen baas te zijn, wat mogelijk is bij het bezitten van vastgoedbeleggingen. Andere manieren om uw gemeenschap te verbeteren, zijn onder meer het aanbieden van huurwoningen of het aantrekken van bedrijven naar commerciële locaties die broodnodige diensten leveren aan omliggende gebieden.

## De drie belangrijkste categorieën onroerend goed zijn:

1. Residentieel: Gebouwen met één tot vier appartementen. Familiebeleggers kiezen voor dit type vastgoedbelegging omdat het het meest gereguleerd en het populairst is.

2. Commercieel vastgoed: Deze brede classificatie omvat kantoren, winkels, industrieel vastgoed, meergezinswoningen (5+ eenheden) en andere soorten commercieel vastgoed.

3. Land – Of het nu volledig braakliggend, gedeeltelijk bebouwd of gebruikt voor landbouw is, land kan een zeer aantrekkelijke investering zijn, maar het heeft zijn eigen kenmerken en vereist een speciaal begrip.

Elke SMART-investeerder zou vastgoeddoelen moeten stellen.

Wat zijn de SMART-doelen in vastgoed?

Wist je dat bedrijven met duidelijk omschreven doelen tien keer succesvoller zijn dan bedrijven zonder? Volgens een recent onderzoek van Harvard Business University stelt 83% van de mensen geen doelen, en van degenen die dat wel doen, bereikt 92% ze niet. Ten eerste, waarom stellen zo weinig mensen doelen? Ten tweede, waarom bereiken de meest succesvolle mensen deze doelen niet? Het antwoord is eenvoudig: de meeste mensen stellen geen redelijke doelen.

- Specifiek

- Meetbaar

- Toegankelijk

- Belangrijk

- beperkt in de tijd

U kunt het acroniem SMART gebruiken om het proces voor het stellen van doelen voor uw onroerendgoedbedrijf te begeleiden.

- Zakelijke doelen: een organisatie kan doelen hebben variërend van het genereren van leads tot personeelsgroei. Een zakelijk doel kan bijvoorbeeld zijn om in de komende zes maanden 10% meer volgers op sociale media te krijgen. Hiervoor kunnen betaalde webreclame en mond-totmondreclame worden gebruikt. Als zakelijke doelstelling voor investeringsactiviteiten kunnen drie groothandelscontracten in één jaar worden afgerond. Uw bedrijf zal precies bepalen waar te beginnen.

• Het stellen van persoonlijke doelen is een geweldige manier om ervoor te zorgen dat uw groei overeenkomt met die van uw investeringsmaatschappij.
Persoonlijke doelen zijn vaak het lezen van een boek per maand gedurende een jaar of het luisteren naar een investeringspodcast per week. Persoonlijke doelen kunnen u helpen nieuwe relaties op te bouwen, uw dagelijkse verantwoordelijkheden uit te

breiden en uw vaardigheden te ontwikkelen.

•     Gezinsdoelen: Tijd maken voor familie of vrienden is belangrijk, aangezien beleggers zich richten op SMART-doelen voor hun professionele en persoonlijke ontwikkeling. Een goed voorbeeld van een gezinsdoel is om elke week een dag zonder telefoon in te stellen om meer tijd met dierbaren door te brengen. Evenzo kunnen veel investeerders ervoor kiezen om op vakantie te gaan of een gezinsuitje te plannen. Houd er rekening mee dat deze doelen essentieel kunnen zijn bij het bevorderen van evenwicht bij het opbouwen van een succesvol onroerendgoedbedrijf.

# Hoe maak je verstandige investeringen in onroerend goed?

- commerciële technieken
- Corrigeer en retourneer. Huizen vinden die gerepareerd moeten worden, de nodige reparaties uitvoeren en ze tegen hoge prijzen met winst doorverkopen, staat bekend als de "fix and flip" -methode.
- Dit omvat groothandel, diefstal, dan huur, dan huur, BRRRR-investeringen, huurcontracten op korte termijn, huurcontracten op lange termijn en lopende woningen: huurcategorie.

# Welke vastgoedtactiek is het meest winstgevend?

## Herkenning

Vastgoedwaardering, een toename van de waarde van onroerend goed waarmee rekening wordt gehouden wanneer het wordt verkocht, is de meest gebruikelijke methode om geld te verdienen in de branche. De belangrijkste factoren die van invloed zijn op de waarde van woningen en commercieel vastgoed zijn locatie, ontwikkeling en waardering.

## Hoe risicotolerantie beoordelen?

Beleggers worden vaak ondervraagd om hun risicotolerantie te bepalen. Dit kan het beoordelen van uw tijdshorizon, beschikbare middelen en inkomstenbehoeften omvatten, evenals uw comfortniveau met aanhoudende marktvolatiliteit en het behouden van uw investeringen tijdens een marktdaling.

## Wat betekent risicotolerantie voor onroerend goed?

Het niveau of type risico dat een belegger kan of wil accepteren. Aankopen van onroerend goed kunnen bijvoorbeeld behoorlijk winstgevend zijn. Het pand kan worden verbeterd door een investeerder die het voor veel meer geld kan doorverkopen.

## Hoe risico's in de vastgoedsector analyseren?

De betrokken risico's variëren afhankelijk van de details van het project en het betrokken onroerend goed. Risicoanalyse van onroerend goed kan worden uitgevoerd met behulp van verschillende technieken, zoals break-evenanalyse, kwantitatieve analyse en analyse van financiële ratio's.

## Ken jij de vastgoedmarkt goed?

- Vastgoedmarktanalyse: 6 stappen in detail
- Onderzoek de structuren en kwaliteit van de gemeenschap.

- Ontvang beoordelingen van lokale onroerend goed.
- Kies vergelijkende waarden voor uw vastgoedmarktonderzoek.
- Vind de gemiddelde catalogusprijs voor vergelijkbare woningen.
- Pas uw benchmarks aan om uw marktanalyse te verfijnen.

## Welk aspect van een woning is het belangrijkst?

De belangrijkste overwegingen bij het beleggen in vastgoed

De stelregel "locatie, locatie, locatie" geldt nog steeds en blijft het belangrijkste element van een succesvolle vastgoedinvestering.

## Hoe een studie van de lokale vastgoedmarkt doen?

Hoe een vastgoedmarktanalyse te doen

- Stap 1: Kies een specifieke buurt of locatie.
- Stap 2: onderzoek je rivalen.
- Stap 3: Zoek de buurten die u wilt.
- Stap 4: Controleer de fysieke aspecten van het gebied of eigendom.
- Stap 5: Evalueer de prestaties van de oscilloscoop.

## Hoe zijn de lokale vastgoedmarktomstandigheden?

Kortom, wanneer er meer woningen te koop staan dan potentiële kopers, dalen de huizenprijzen. Wanneer er minder woningen beschikbaar zijn dan potentiële kopers, stijgen de vastgoedprijzen. Als er bijna net zoveel huizen te koop zijn als kopers, is er sprake van een evenwichtige markt.

Hoe een buurtmarkt evalueren?

Een diepgaand marketingonderzoek zou de volgende vragen moeten beantwoorden:

Wie zijn mijn potentiële klanten?

Wat is het koopgedrag van mijn klanten?

Hoe groot is mijn doelgroep?

Welke prijsklasse accepteren klanten voor mijn aanbieding?

**Wie zijn mijn belangrijkste concurrenten?**

Wat zijn de voor- en nadelen van mijn concurrenten?

## Financieringsmogelijkheden voor een vastgoedinvestering

Het geld wordt gebruikt om uw woning te financieren.

De eerste optie is om de volledige kosten van het onroerend goed contant te betalen. Om dit te bereiken, moet u natuurlijk over de nodige apparatuur beschikken. Voordelen: Omdat de verkoper zich geen zorgen hoeft te maken over volledige financiering vooraf, neemt uw kans op een succesvolle woningaankoop toe. In ruil voor het gemak dat contant geld biedt, kunt u met contant geld onroerend goed kopen met aanzienlijke kortingen. Klanten die contant betalen, vermijden ook de hoge rentetarieven die gepaard gaan met conventionele leningen, termijndeposito's of persoonlijke leningen.

Nadelen: In deze situatie is de risico/opbrengstverhouding belangrijk. Contante betalingen zijn veiliger en conservatiever, maar er is een grens aan hoeveel u kunt verdienen. Zie het op deze manier: als u $ 250.000 contant uitgeeft en het onroerend goed huurt voor $ 2.000 per maand, krijgt u $ 24.000 aan bruto-omzet per jaar, of een bruto-ROI van 9,6%. Als alternatief, als u $ 50.000 stort en een lening van 30 jaar tegen 5% afsluit, zou uw maandelijkse hoofdsom en rentebetaling $ 977 zijn.

U kunt een persoonlijke geldschieter inhuren om uw eigendom te financieren.

Kredietverstrekkers die onafhankelijk van financiële instellingen opereren, worden natuurlijke personen genoemd. Door te lenen aan mensen die de waarde van hun vastgoedbelegging verhogen, maken ze vaak winst.

Pro: In vergelijking met gevestigde instellingen zijn particuliere geldschieters vaak veel flexibeler over aan wie ze geld lenen en hoe snel ze het kunnen lenen. Ze kunnen op veel manieren profiteren als ze denken dat u een goede investering bent. Dit kan geweldig zijn als u niet voldoet aan het standaard hypotheekprofiel (bijvoorbeeld als uw credit score laag is).

**Leningen met een vaste looptijd kunnen worden gebruikt om uw eigendom te financieren.**

Sommige leners gaan op deze manier om met particuliere geldschieters. Dit wordt een "sterke lening" genoemd omdat het wordt gedekt door materiële activa, in dit geval onroerend goed. Deze lening is een soort tussentijdse lening, een kortetermijnovereenkomst die geld oplevert totdat het huis kan worden verkocht of een betrouwbaardere financieringsbron is gevonden.

## Krijg standaard bankfinanciering voor uw huis.

Dit is de meest voorkomende vorm van financiering. In dit geval geeft een financiële instelling geld aan de lener op basis van zijn kredietgeschiedenis en zijn vermogen om de lening terug te betalen.

Voordelen: hoewel de rentetarieven op woningkredieten hoger zijn dan op hypotheken voor het eerste verblijf, resulteert het gebruik van deze optie vaak in lagere rentetarieven dan het gebruik van een particuliere geldschieter. Zoals hierboven vermeld, kan financiering via een bank ook uw potentiële rendement maximaliseren op basis van de hoeveelheid geld die beschikbaar is voor een voorschot.

Nadelen: Risico is een van de mogelijke problemen. Het betalen van een hypotheek terwijl een huurwoning leegstaat, kan uw inkomen aanzienlijk verlagen. Leners kunnen slechts een beperkt aantal traditionele hypotheken tegelijk open hebben staan, en banken hebben veel strengere kredietcriteria en een veel langer goedkeuringsproces dan particuliere geldschieters.

## Bewijs dat u een vastgoedbelegging moet kopen

**Je zit financieel goed.**
Zeker als u het pand wilt verhuren aan huurders, vragen vastgoedbeleggingen om een veel grotere mate van financiële stabiliteit dan particuliere woningen. Voor vastgoedbeleggingen eisen de meeste hypotheekverstrekkers dat leners een aanbetaling doen van ten minste 15% van de aankoopprijs. Bij het kopen van uw eerste woning is dit echter meestal niet nodig. Verschillende staten eisen ook dat eigenaren van vastgoedbeleggingen goedkeuring krijgen van hun huisinspecteur voordat ze hun eigendom verhuren, evenals een hogere aanbetaling.

Zorg ervoor dat u genoeg geld in uw budget heeft om de initiële kosten van een aankoop van onroerend goed te dekken (bijv. aanbetaling, inspectiekosten en sluitingskosten), evenals lopende onderhouds- en reparatiekosten. Als huiseigenaar of eigenaar van een huurwoning moet u snel noodzakelijke reparaties uitvoeren, wat kostbare noodreparaties aan uw sanitair en verwarmingssystemen kan vergen. Op veel plaatsen hebben huurders het recht om huurbetalingen in te houden als defecte nutsvoorzieningen niet snel worden verholpen.

**Er is een return on investment, kortweg ROI.**

Vastgoedbeleggers zien vaak een positieve cashflow uit hun investeringen in de huidige markt, maar de beste investeerders berekenen het verwachte rendement op investering (ROI) voordat ze een aankoop doen. Volg deze stappen om uw ROI op potentiële vastgoedinvesteringen te berekenen.

Bepaal uw jaarlijkse huurinkomsten. Zoek vergelijkbare huurwoningen. Vermenigvuldig de typische maandelijkse huur voor het type woning waarin u geïnteresseerd bent met 12 om de kosten per jaar te krijgen.

Ontdek wat uw netto bedrijfsinkomen is. Bepaal na het berekenen van uw potentiële jaarlijkse huurinkomsten uw netto bedrijfsinkomsten. Uw netto bedrijfsinkomen is de geschatte jaarlijkse huur minus de bedrijfskosten. Al uw bedrijfskosten zijn inbegrepen in uw jaarlijkse onderhoudskosten voor onroerend goed. De kosten zijn inclusief burgerheffingen, verzekeringen en onroerendgoedbelasting. Sluit hypotheek of rente uit bij het bepalen van de netto bedrijfskosten. Trek uw bedrijfskosten af van uw verwachte jaarlijkse huur om uw netto bedrijfsinkomen te krijgen.

Analyseer uw rendement op uw investering. Trek uw netto bedrijfsinkomen af van uw totale hypotheek om uw totale rendement (ROI) te krijgen.

## EEN ANALYSE VAN DE VASTGOEDMARKT IN TWEE HOOFDFASEN

### Eerste screening in fase 1

Om uw aandacht te vestigen op de meest veelbelovende gebieden, is het eerste onderzoek van een vastgoedmarktonderzoek bedoeld om snel ongeschikte markten eruit te filteren. Als je er een paar hebt gedaan, kan deze stap in slechts 10 minuten worden voltooid. Ik heb mijn aanvankelijke selectie voor deze oefening teruggebracht tot drie "string-breakers".

### gegevensbronnen

De persoon die het onroerend goed verkoopt, moet een kant-en-klare rekening overleggen met details over de huurinkomsten en de nettocashflow na kosten. U kunt Zillow.com gebruiken om huisvestingskosten en huurprijzen te onderzoeken in het gebied dat u wilt kopen om te controleren of de informatie correct is. Controleer de leveranciersnummers op juistheid.

## Effectief vastgoedbeheer

Over het algemeen raad ik investeerders aan om in elke markt ten minste twee gerenommeerde vastgoedbeheerders te vinden, omdat slecht vastgoedbeheer de belangrijkste oorzaak is van een mislukte vastgoedinvestering. Op die manier weet u waar u terecht kunt als de eerste stap om de een of andere reden niet werkt.

In plaats van een klein familiebedrijf te zijn dat vanuit huis opereert, zou het vastgoedbeheerbedrijf een gerenommeerd bedrijf moeten zijn. Er moet een "sterke groep" zijn van managers, verhuurmakelaars, handelaren, enz. om ervoor te zorgen dat de service niet wordt beïnvloed door ziekteverzuim of personeelsverloop.

Door twee vastgoedbeheerbedrijven van wereldklasse in te huren, kunnen kleine stedelijke gebieden echt worden gered. In een grootstedelijk gebied met minder dan 100.000 inwoners is het een uitdaging om een gerenommeerd vastgoedbeheerbedrijf te vinden, laat staan twee.

## gegevens bronnen

U moet de door de eigenaar aanbevolen vastgoedbeheerder opzoeken om te zien of deze goed bij u past. U kunt: Een tweede (alternatieve) beheerder zoeken:

Bekijk reviews door te zoeken naar "property management" en "city name" op Yelp.com. Focus op beoordelingen van eigenaren in plaats van boze huurders. Bezoek Meetup.com en zoek naar lokale investeringsgroepen in onroerend goed waar het onroerend goed zich bevindt. E-mail een verzoek om sponsoring naar de organisator van de vergadering.

## Wat betekent "due diligence" in een vastgoedcontext?

Simpel gezegd, due diligence omvat het verzamelen van informatie over de fysieke, financiële en geografische toestand van het onroerend goed. De uitdrukking "doe je huiswerk" voordat je een bod uitbrengt en nadat je contract is goedgekeurd, is een goede manier om due diligence te omschrijven.

## Wat is due diligence voor een verkoper?

Door hun eigen onderzoek uit te voeren waar de koper bij is, kan een verkoper gemakkelijker identificeren wat volgens hem moet worden opgelost, gecorrigeerd of aangepakt, en heeft hij voldoende tijd om die zorgen zo effectief mogelijk aan te pakken. . Met andere woorden, de dealer kan beslissen en controleren welke kaarten worden gedeeld.

## Wat zijn de fiscale gevolgen van investeringen in onroerend goed?

Afschrijving is een fiscaal aftrekbare uitgave voor vastgoedbeleggers die inkomstengenererende huurwoningen bezitten. Hierdoor heeft u waarschijnlijk een lagere belastingdruk en een lager belastbaar inkomen.

## Hoe kan ik voorkomen dat ik belasting moet betalen over mijn huurwoning?

U kunt voorkomen dat u deze belasting betaalt door gebruik te maken van het belastingtarief of een uitgestelde 1031-wissel. U kunt ook beleggen via een pensioenrekening of van uw huurwoning uw vaste woning maken. Om te voorkomen dat u geld verliest na een vastgoedinvestering , vergeet niet om uw eigendom altijd te verzekeren.

## Wat wordt beschouwd als vastgoedbelegging in de ogen van de IRS?

Over het algemeen wordt onroerend goed als een investering beschouwd wanneer het met winst wordt verworven en niet voor uw persoonlijke woning en die van uw gezin.

Het is van cruciaal belang dat u de exit-strategie kiest die het beste bij u past bij het beleggen in onroerend goed, aangezien er verschillende opties zijn die u kunt overwegen.

**Uw keuze wordt beïnvloed door een aantal variabelen, waaronder:**

- Uw aandeelhoudersstatus
- Uw schuldhulpverlening
- Uw kortetermijnbeleggingsdoelen
- Uw financiële doelen op de lange termijn
- Uw vermogen om risico's te nemen als investering.

Bepaal uw doelen, leer uzelf bij, kies een investeringsstrategie, maak een financieel plan, verkrijg financiering, evalueer eigendommen, begrijp de toewijzing van activa en kies vastgoedbeheer als de eerste stap in het opbouwen van een vastgoedportefeuille.

Het opbouwen van een sterk team, het zoeken naar waarde, uitbreiden naar nieuwe gebieden, het optimaliseren van vastgoedbeheer en het overwegen van partnerschappen en vakbonden zijn enkele tips om uw vastgoedportefeuille te laten groeien.

## Hoe u uw vastgoedportefeuille start

Het doel van een vastgoedportefeuille is om meerdere vastgoedactiva samen te gebruiken om een financieel doel te bereiken. Beleggers in onroerend goed moeten alle aspecten van beleggen in onroerend goed volledig begrijpen voordat ze een onroerendgoedportefeuille opbouwen, hoewel dit voordelig kan zijn.

**Volg deze stappen om te beginnen met het opbouwen van uw vastgoedportefeuille:**

**Organiseer je doelen.**
Het stellen van doelen is de eerste stap naar het starten van een succesvol bedrijf. Uw persoonlijke, financiële en investeringsdoelen zijn belangrijk en bepalen welke weg u inslaat. U kunt een plan maken om uw doelen te bereiken en weloverwogen financiële beslissingen te nemen door duidelijke doelen te stellen. Dit plan

is essentieel voor het beheer van de uitbreiding van uw vastgoedportefeuille.

**Kies een bestedingsstrategie.**
Als u eenmaal bekend bent met de vastgoedmarkt, kunt u gaan nadenken over het type vastgoedinvesteringsstrategie dat u wilt gebruiken. Het is aan u om te beslissen of u wilt beleggen in residentieel vastgoed, commercieel vastgoed of een combinatie van deze drie soorten vastgoed. Overweeg of u zich wilt concentreren op het investeren in huurwoningen om inkomsten te genereren of op het nastreven van reparatie- en investeringsmogelijkheden. Deze beslissingen zijn van invloed op de rest van uw portefeuilleconstructie.

## huizen overwegen

U moet uw zoektocht naar onroerend goed beginnen nadat u uw financieringsopties heeft onderzocht en een oplossing heeft gevonden. U moet beginnen met uitgebreid marktonderzoek om buurten en huizen te identificeren die aan uw doelen voldoen. U kunt vervolgens elke eigenschap evalueren en vervolgens uw due diligence uitvoeren. De sleutel is om eigendommen te kiezen die uw investeringsstrategie voor onroerend goed ondersteunen en waarmee u uw financiële doelen kunt bereiken.

Stel dat uw doel is om een gediversifieerde portefeuille op te bouwen met huur- en woningverbeteringsobjecten die u kunt verhuren. Misschien wilt u beginnen met het zoeken naar een huureenheid met betrouwbare huurders voor de lange termijn voordat u met reparaties en renovaties begint, zodat u het in gebruik kunt nemen.

## Hoe het risico van beleggen in onroerend goed verkleinen?

U kunt uw risico verkleinen door uw vastgoedbeleggingen te diversifiëren. Als al uw eigendommen zich bijvoorbeeld bevinden in een gebied dat vatbaar is voor natuurrampen of een hoge marktvolatiliteit, dan wordt uw hele portefeuille in één keer vernietigd. Ontdek de verschillende staten en plaatsen waar beleggen zin heeft.

## Wat zijn de gevaren van beleggen in vastgoed?

Hoewel investeren in onroerend goed lucratief kan zijn, is het belangrijk om je bewust te zijn van de valkuilen. Belangrijke risico's zijn onder meer slechte locaties, slechte cashflow, hoge leegstand en lastige huurders. De onvoorspelbaarheid van de vastgoedmarkt, latente structurele problemen en gebrek aan liquiditeit zijn andere gevaren waarmee rekening moet worden gehouden.

**Veel plezier met lezen**